50 Galletas para Todos los Días

Por: Kelly Johnson

Table of Contents

- Galletas clásicas de chispas de chocolate
- Galletas de avena y pasas
- Galletas de mantequilla
- Galletas de azúcar glas
- Galletas de jengibre
- Galletas de almendra
- Galletas de coco rallado
- Galletas de doble chocolate
- Galletas de limón y amapola
- Galletas de nuez pecana
- Galletas de zanahoria y especias
- Galletas de mantequilla de maní
- Galletas de menta con chocolate
- Galletas de vainilla con relleno de crema
- Galletas de naranja confitada
- Galletas de nuez de macadamia
- Galletas de canela y azúcar

- Galletas de avena y chocolate blanco
- Galletas de matcha (té verde)
- Galletas de chocolate con trozos de caramelo
- Galletas de mantequilla con mermelada
- Galletas de plátano y nueces
- Galletas de ricota y limón
- Galletas de anís
- Galletas de avena y semillas de chía
- Galletas de queso crema
- Galletas de pistacho
- Galletas de dátiles y nueces
- Galletas de café y chocolate
- Galletas de mantequilla con lavanda
- Galletas de especias navideñas
- Galletas de harina de avena y arándanos
- Galletas de cacao y naranja
- Galletas de crema de avellanas
- Galletas de almendra y chocolate
- Galletas de zanahoria y nueces

- Galletas de queso parmesano saladas
- Galletas de semillas de amapola y limón
- Galletas de plátano y avena sin azúcar
- Galletas de chocolate con nuez y sal marina
- Galletas de mantequilla con pistacho y cardamomo
- Galletas de coco y almendra
- Galletas de mantequilla de maní y chocolate
- Galletas de avellanas y chocolate blanco
- Galletas de avena, pasas y nueces
- Galletas de limón y jengibre
- Galletas de vainilla con chocolate rallado
- Galletas de miel y especias
- Galletas de semillas de girasol y avena
- Galletas de cacao y chile

Galletas Clásicas de Chispas de Chocolate

Ingredientes:

- Harina
- Mantequilla
- Azúcar blanca y morena
- Huevos
- Extracto de vainilla
- Polvo de hornear
- Chispas de chocolate

Instrucciones:

1. Mezcla mantequilla con azúcar hasta cremar.
2. Añade huevos y vainilla.
3. Incorpora harina y polvo de hornear.
4. Agrega chispas de chocolate.
5. Forma bolitas y hornea hasta dorar.

Galletas de Avena y Pasas

Ingredientes:

- Avena en hojuelas
- Harina
- Mantequilla
- Azúcar morena
- Huevos
- Pasas
- Canela

Instrucciones:

1. Mezcla mantequilla con azúcar y huevos.
2. Añade harina, avena y canela.
3. Incorpora pasas.
4. Forma las galletas y hornea.

Galletas de Mantequilla

Ingredientes:

- Mantequilla
- Azúcar glas
- Harina
- Extracto de vainilla

Instrucciones:

1. Bate mantequilla con azúcar glas y vainilla.
2. Añade harina poco a poco.
3. Forma las galletas y hornea hasta que estén firmes pero no doradas.

Galletas de Azúcar Glas

Ingredientes:

- Harina
- Azúcar glas
- Mantequilla
- Huevos
- Extracto de vainilla

Instrucciones:

1. Mezcla mantequilla con azúcar glas y vainilla.
2. Añade huevos y harina.
3. Forma bolas y espolvorea con más azúcar glas.
4. Hornea.

Galletas de Jengibre

Ingredientes:

- Harina
- Mantequilla
- Azúcar morena
- Miel o melaza
- Jengibre en polvo
- Canela y clavo
- Bicarbonato de sodio

Instrucciones:

1. Mezcla mantequilla con azúcar y miel.
2. Añade harina con especias y bicarbonato.
3. Forma galletas y hornea.

Galletas de Almendra

Ingredientes:

- Harina
- Mantequilla
- Azúcar
- Almendras molidas
- Huevos
- Extracto de almendra

Instrucciones:

1. Bate mantequilla con azúcar y extracto.
2. Añade harina y almendras.
3. Forma las galletas y hornea.

Galletas de Coco Rallado

Ingredientes:

- Coco rallado
- Harina
- Azúcar
- Mantequilla
- Huevos

Instrucciones:

1. Mezcla mantequilla con azúcar y huevos.
2. Añade harina y coco rallado.
3. Forma las galletas y hornea.

Galletas de Doble Chocolate

Ingredientes:

- Harina
- Cacao en polvo
- Mantequilla
- Azúcar
- Huevos
- Chispas de chocolate

Instrucciones:

1. Bate mantequilla con azúcar y huevos.
2. Incorpora harina con cacao.
3. Añade chispas de chocolate.
4. Forma las galletas y hornea.

Galletas de Limón y Amapola

Ingredientes:

- Harina
- Mantequilla
- Azúcar
- Huevos
- Ralladura de limón
- Semillas de amapola

Instrucciones:

1. Mezcla mantequilla con azúcar y huevos.
2. Añade harina, ralladura de limón y semillas de amapola.
3. Forma las galletas y hornea.

Galletas de Nuez Pecana

Ingredientes:

- Harina
- Mantequilla
- Azúcar morena
- Huevos
- Nueces pecanas picadas
- Extracto de vainilla

Instrucciones:

1. Bate mantequilla con azúcar y huevos.
2. Añade harina y extracto de vainilla.
3. Incorpora las nueces pecanas picadas.
4. Forma las galletas y hornea.

Galletas de Zanahoria y Especias

Ingredientes:

- Harina
- Mantequilla
- Azúcar morena
- Zanahoria rallada
- Huevos
- Canela, jengibre y nuez moscada
- Polvo de hornear

Instrucciones:

1. Mezcla mantequilla con azúcar y huevos.
2. Añade harina con polvo de hornear y especias.
3. Incorpora la zanahoria rallada.
4. Forma galletas y hornea.

Galletas de Mantequilla de Maní

Ingredientes:

- Mantequilla de maní
- Azúcar
- Huevo
- Harina (opcional)
- Bicarbonato de sodio

Instrucciones:

1. Mezcla mantequilla de maní con azúcar y huevo.
2. Añade harina y bicarbonato si usas.
3. Forma galletas y hornea.

Galletas de Menta con Chocolate

Ingredientes:

- Harina
- Mantequilla
- Azúcar
- Extracto de menta
- Chispas de chocolate o trozos

Instrucciones:

1. Bate mantequilla con azúcar y extracto de menta.
2. Añade harina y mezcla bien.
3. Incorpora chispas de chocolate.
4. Forma galletas y hornea.

Galletas de Vainilla con Relleno de Crema

Ingredientes:

- Harina
- Mantequilla
- Azúcar
- Huevos
- Extracto de vainilla
- Crema para relleno (puede ser buttercream o ganache)

Instrucciones:

1. Prepara galletas de vainilla clásicas.
2. Deja enfriar.
3. Une dos galletas con crema de relleno.

Galletas de Naranja Confitada

Ingredientes:

- Harina
- Mantequilla
- Azúcar
- Huevos
- Ralladura y trozos de naranja confitada
- Polvo de hornear

Instrucciones:

1. Bate mantequilla con azúcar y huevos.
2. Añade harina con polvo de hornear.
3. Incorpora ralladura y trozos de naranja confitada.
4. Forma galletas y hornea.

Galletas de Nuez de Macadamia

Ingredientes:

- Harina
- Mantequilla
- Azúcar
- Huevos
- Nueces de macadamia picadas
- Chispas de chocolate blanco (opcional)

Instrucciones:

1. Mezcla mantequilla con azúcar y huevos.
2. Añade harina y mezcla bien.
3. Incorpora nueces de macadamia y chispas de chocolate blanco.
4. Forma las galletas y hornea.

Galletas de Canela y Azúcar

Ingredientes:

- Harina
- Mantequilla
- Azúcar
- Canela en polvo
- Huevos

Instrucciones:

1. Bate mantequilla con azúcar y huevos.
2. Añade harina con canela en polvo.
3. Forma las galletas y espolvorea azúcar y canela encima.
4. Hornea hasta dorar ligeramente.

Galletas de Avena y Chocolate Blanco

Ingredientes:

- Avena en hojuelas
- Harina
- Mantequilla
- Azúcar morena
- Huevos
- Chispas o trozos de chocolate blanco

Instrucciones:

1. Bate mantequilla con azúcar.
2. Añade huevos y mezcla.
3. Incorpora harina y avena.
4. Agrega chocolate blanco.
5. Forma las galletas y hornea.

Galletas de Matcha (Té Verde)

Ingredientes:

- Harina
- Mantequilla
- Azúcar
- Huevos
- Polvo de matcha (té verde)

Instrucciones:

1. Bate mantequilla con azúcar y huevos.
2. Añade harina mezclada con matcha.
3. Forma galletas y hornea.

Galletas de Chocolate con Trozos de Caramelo

Ingredientes:

- Harina
- Mantequilla
- Azúcar
- Huevos
- Trozos de caramelo (toffee)
- Chispas de chocolate

Instrucciones:

1. Mezcla mantequilla con azúcar y huevos.
2. Incorpora harina.
3. Añade trozos de caramelo y chocolate.
4. Forma y hornea.

Galletas de Mantequilla con Mermelada

Ingredientes:

- Harina
- Mantequilla
- Azúcar
- Huevos
- Mermelada de tu elección

Instrucciones:

1. Prepara galletas de mantequilla.
2. Forma bolas, haz un hueco en el centro y pon mermelada.
3. Hornea.

Galletas de Plátano y Nueces

Ingredientes:

- Plátanos maduros triturados
- Harina
- Mantequilla
- Azúcar
- Huevos
- Nueces picadas

Instrucciones:

1. Bate mantequilla con azúcar y huevos.
2. Añade plátano triturado, harina y nueces.
3. Forma galletas y hornea.

Galletas de Ricota y Limón

Ingredientes:

- Ricota
- Harina
- Mantequilla
- Azúcar
- Ralladura de limón
- Huevos

Instrucciones:

1. Mezcla ricota con mantequilla y azúcar.
2. Añade huevos, harina y ralladura de limón.
3. Forma galletas y hornea.

Galletas de Anís

Ingredientes:

- Harina
- Mantequilla
- Azúcar
- Huevos
- Semillas de anís o extracto de anís

Instrucciones:

1. Bate mantequilla con azúcar y huevos.
2. Añade harina y anís.
3. Forma las galletas y hornea.

Galletas de Avena y Semillas de Chía

Ingredientes:

- Avena en hojuelas
- Harina
- Mantequilla
- Azúcar morena
- Huevos
- Semillas de chía

Instrucciones:

1. Bate mantequilla con azúcar.
2. Añade huevos y mezcla.
3. Incorpora harina, avena y semillas de chía.
4. Forma galletas y hornea.

Galletas de Queso Crema

Ingredientes:

- Queso crema
- Harina
- Mantequilla
- Azúcar
- Huevos

Instrucciones:

1. Mezcla queso crema con mantequilla y azúcar.
2. Añade huevos y harina.
3. Forma las galletas y hornea.

Galletas de Pistacho

Ingredientes:

- Harina
- Mantequilla
- Azúcar
- Huevos
- Pistachos picados

Instrucciones:

1. Bate mantequilla con azúcar y huevos.
2. Añade harina y mezcla bien.
3. Incorpora los pistachos picados.
4. Forma galletas y hornea.

Galletas de Dátiles y Nueces

Ingredientes:

- Harina
- Mantequilla
- Azúcar morena
- Huevos
- Dátiles picados
- Nueces picadas

Instrucciones:

1. Mezcla mantequilla con azúcar morena y huevos.
2. Añade harina y mezcla.
3. Incorpora dátiles y nueces picadas.
4. Forma galletas y hornea.

Galletas de Café y Chocolate

Ingredientes:

- Harina
- Mantequilla
- Azúcar
- Huevos
- Café instantáneo disuelto
- Chispas de chocolate

Instrucciones:

1. Bate mantequilla con azúcar y huevos.
2. Añade café disuelto y mezcla.
3. Incorpora harina y chispas de chocolate.
4. Forma galletas y hornea.

Galletas de Mantequilla con Lavanda

Ingredientes:

- Harina
- Mantequilla
- Azúcar
- Huevos
- Flores de lavanda comestible

Instrucciones:

1. Mezcla mantequilla con azúcar y huevos.
2. Añade harina y flores de lavanda.
3. Forma galletas y hornea.

Galletas de Especias Navideñas

Ingredientes:

- Harina
- Mantequilla
- Azúcar morena
- Huevos
- Canela, clavo, jengibre y nuez moscada

Instrucciones:

1. Bate mantequilla con azúcar y huevos.
2. Añade harina mezclada con especias.
3. Forma galletas y hornea.

Galletas de Harina de Avena y Arándanos

Ingredientes:

- Harina de avena
- Harina de trigo
- Mantequilla
- Azúcar
- Huevos
- Arándanos secos

Instrucciones:

1. Mezcla mantequilla con azúcar y huevos.
2. Añade harina de avena y harina de trigo.
3. Incorpora arándanos secos.
4. Forma galletas y hornea.

Galletas de Cacao y Naranja

Ingredientes:

- Harina
- Cacao en polvo
- Mantequilla
- Azúcar
- Huevos
- Ralladura de naranja

Instrucciones:

1. Bate mantequilla con azúcar y huevos.
2. Añade harina, cacao y ralladura de naranja.
3. Forma galletas y hornea.

Galletas de Crema de Avellanas

Ingredientes:

- Harina
- Mantequilla
- Azúcar
- Huevos
- Crema de avellanas (tipo Nutella)

Instrucciones:

1. Mezcla mantequilla con azúcar y huevos.
2. Añade harina y mezcla bien.
3. Incorpora crema de avellanas.
4. Forma galletas y hornea.

Galletas de Almendra y Chocolate

Ingredientes:

- Harina
- Mantequilla
- Azúcar
- Huevos
- Almendras picadas
- Trozos de chocolate

Instrucciones:

1. Bate mantequilla con azúcar y huevos.
2. Añade harina, almendras y chocolate.
3. Forma galletas y hornea.

Galletas de Zanahoria y Nueces

Ingredientes:

- Harina
- Mantequilla
- Azúcar morena
- Huevos
- Zanahoria rallada
- Nueces picadas

Instrucciones:

1. Bate mantequilla con azúcar y huevos.
2. Incorpora harina, zanahoria y nueces.
3. Forma galletas y hornea.

Galletas de Queso Parmesano Saladas

Ingredientes:

- Harina
- Mantequilla
- Queso parmesano rallado
- Sal
- Huevos

Instrucciones:

1. Mezcla mantequilla con queso parmesano y huevos.
2. Añade harina y sal.
3. Forma galletas y hornea.

Galletas de Semillas de Amapola y Limón

Ingredientes:

- Harina
- Mantequilla
- Azúcar
- Huevos
- Semillas de amapola
- Ralladura de limón

Instrucciones:

1. Bate mantequilla con azúcar y huevos.
2. Añade harina, semillas de amapola y ralladura de limón.
3. Forma galletas y hornea.

Galletas de Plátano y Avena Sin Azúcar

Ingredientes:

- Plátanos maduros triturados
- Avena en hojuelas
- Harina integral
- Huevos
- Canela (opcional)

Instrucciones:

1. Mezcla plátano con huevos y canela.
2. Añade avena y harina integral.
3. Forma galletas y hornea.

Galletas de Chocolate con Nuez y Sal Marina

Ingredientes:

- Harina
- Mantequilla
- Azúcar
- Huevos
- Trozos de chocolate
- Nueces picadas
- Sal marina gruesa

Instrucciones:

1. Bate mantequilla con azúcar y huevos.
2. Añade harina, chocolate y nueces.
3. Forma galletas, espolvorea sal marina y hornea.

Galletas de Mantequilla con Pistacho y Cardamomo

Ingredientes:

- Harina
- Mantequilla
- Azúcar
- Huevos
- Pistachos picados
- Cardamomo en polvo

Instrucciones:

1. Mezcla mantequilla con azúcar y huevos.
2. Añade harina, pistachos y cardamomo.
3. Forma galletas y hornea.

Galletas de Coco y Almendra

Ingredientes:

- Harina
- Mantequilla
- Azúcar
- Huevos
- Coco rallado
- Almendras picadas

Instrucciones:

1. Bate mantequilla con azúcar y huevos.
2. Añade harina, coco y almendras.
3. Forma galletas y hornea.

Galletas de Mantequilla de Maní y Chocolate

Ingredientes:

- Mantequilla de maní
- Harina
- Azúcar
- Huevos
- Trozos o chispas de chocolate

Instrucciones:

1. Mezcla mantequilla de maní con azúcar y huevos.
2. Añade harina y mezcla bien.
3. Incorpora chocolate.
4. Forma galletas y hornea.

Galletas de Avellanas y Chocolate Blanco

Ingredientes:

- Harina
- Mantequilla
- Azúcar
- Huevos
- Avellanas picadas
- Trozos de chocolate blanco

Instrucciones:

1. Bate mantequilla con azúcar y huevos.
2. Añade harina, avellanas y chocolate blanco.
3. Forma galletas y hornea.

Galletas de Avena, Pasas y Nueces

Ingredientes:

- Harina
- Avena en hojuelas
- Mantequilla
- Azúcar morena
- Huevos
- Pasas
- Nueces picadas

Instrucciones:

1. Bate mantequilla con azúcar morena y huevos.
2. Incorpora harina, avena, pasas y nueces.
3. Forma galletas y hornea.

Galletas de Limón y Jengibre

Ingredientes:

- Harina
- Mantequilla
- Azúcar
- Huevos
- Ralladura de limón
- Jengibre en polvo

Instrucciones:

1. Mezcla mantequilla con azúcar y huevos.
2. Añade harina, ralladura de limón y jengibre.
3. Forma galletas y hornea.

Galletas de Vainilla con Chocolate Rallado

Ingredientes:

- Harina
- Mantequilla
- Azúcar
- Huevos
- Extracto de vainilla
- Chocolate rallado

Instrucciones:

1. Bate mantequilla con azúcar, huevos y vainilla.
2. Añade harina y chocolate rallado.
3. Forma galletas y hornea.

Galletas de Miel y Especias

Ingredientes:

- Harina
- Mantequilla
- Miel
- Azúcar morena
- Huevos
- Canela, clavo y nuez moscada

Instrucciones:

1. Mezcla mantequilla con miel, azúcar morena y huevos.
2. Añade harina y especias.
3. Forma galletas y hornea.

Galletas de Semillas de Girasol y Avena

Ingredientes:

- Harina
- Avena en hojuelas
- Mantequilla
- Azúcar
- Huevos
- Semillas de girasol

Instrucciones:

1. Bate mantequilla con azúcar y huevos.
2. Incorpora harina, avena y semillas de girasol.
3. Forma galletas y hornea.

Galletas de Cacao y Chile

Ingredientes:

- Harina
- Cacao en polvo
- Mantequilla
- Azúcar
- Huevos
- Chile en polvo (cantidad al gusto)

Instrucciones:

1. Mezcla mantequilla con azúcar y huevos.
2. Añade harina, cacao y chile en polvo.
3. Forma galletas y hornea.

www.ingramcontent.com/pod-product-compliance
Lightning Source LLC
LaVergne TN
LVHW081325060526
838201LV00055B/2471